El Camino a La Vida

El Camino a La Vida

El vidente

aldivan teixeira torres

CONTENTS

1 1

1

El camino a la vida
El Vidente

El camino a la vida

Autor: El Vidente
© 2020- El vidente
Todos los derechos reservados.
Serie: Cultivar sabiduría

Este libro, incluyendo todas sus partes, está protegido por derechos de autor y no puede ser reproducido sin el permiso del autor, revendido o descargado.

El Vidente es un escritor consolidado en varios géneros. Hasta ahora, los títulos se han publicado en docenas de idiomas. Desde temprana edad, siempre ha sido un amante del arte de escribir, habiendo consolidado una carrera profesional a partir del segundo semestre de 2013. Espera, con sus escritos, contribuir a la cultura internacional, despertando el placer de leer en aquellos que no tienen el hábito. Tu misión es ganar el corazón de cada uno de tus lectores. Además de la literatura, sus principales diversiones son la música, los viajes, los *amigos, la familia y el placer de la vida misma. "Por la literatura, la igualdad, la fraternidad, la justicia, la dignidad y el honor del ser humano siempre" es su lema*

El camino
Saber ser crítico
Maestros de la vida
Ley de retorno
Un tiempo de angustia
La relación planta-cosecha
¿Dar o no dar la limosna?
El acto de enseñar y aprender
Cómo actuar ante la traición
El amor genera más amor
Actuar en nombre de los pobres, excluidos y subordinados
Mensaje final
El camino del bienestar
El camino
Los caminos a Dios
Los buenos maestros y aprendices
Buenas prácticas para mantenerse sobrio
El valor a través del ejemplo
El sentimiento en el universo
Sentirse divino
Cambiar la rutina
La desigualdad mundial es justicia
El poder de la música
Cómo luchar contra el mal
Soy el incomprensible
Experimentar problemas
En el trabajo
Viajar
Buscando derechos
Cree en el amor pleno
Saber cómo manejar una relación

El masaje
La adopción de valores morales
Tener el espíritu de un verdadero amigo
Acciones a observar
Cuidado de la alimentación
Baile
Ayuno
El concepto de Dios
Pasos de mejora
¿Cómo se supone que me sienta?
Conclusión
Ganar por fe
Victoria sobre enemigos espirituales y carnal
La relación hombre-Dios
Creer en Yahvé con dolor
Ser un hombre honesto de fe
Los Cristos
La misión del hombre
Sé el Cristo
Los dos caminos
La elección
Mi experiencia
Todo depende de nosotros
Destino
Reino de la Luz, octubre 1982
La misión
El significado de la visión
Autenticidad en un mundo corrupto
Tristeza en tiempos difíciles
Vivir en un mundo corrupto
Mientras exista el bien, la tierra permanecerá
Los Justos no serán sacudidos
Sé la excepción
Mi fortaleza

Los valores
Buscando la paz interior
El Dios Creador
Amor verdadero
Reconocerse pecador y limitado
La influencia del mundo moderno
Cómo integrarse con el padre
La importancia de la comunicación
La interdependencia y la sabiduría de las cosas
No culpes a nadie
Ser parte de un todo
No te quejes
Ver desde otro punto de vista
Una verdad
Piense en el otro
Olvídate de los problemas
Enfrentar el nacimiento y la muerte como procesos
Inmortalidad
Tener una actitud proactiva
Dios es espíritu
Una visión de fe
Sigue mis mandamientos
La fe muerta
Tener otra visión
De la debilidad viene la fuerza
Qué hacer en una delicada situación financiera
Enfrentar problemas familiares
Superar una enfermedad o incluso la muerte
Conocerte a ti mismo
Sophia
Justicia
El refugio en el momento adecuado
La seducción del mundo versos el camino de Dios
Conocer a Dios

Los justos y la relación con Yahvé
La relación con Dios
Lo que debes hacer
Te doy toda mi esperanza
Amistad
Perdón
Encontrar tu camino
Cómo vivir en el trabajo
Vivir con gente de temperamento duro en el trabajo
Prepararse para tener un ingreso laboral autónomo
Análisis de opciones de especialización en estudios
Cómo vivir en la familia
Qué es la familia
Cómo respetar y ser respetado
Dependencia financiera
La importancia del ejemplo

El camino

Camina con los buenos y tendrás paz. Camina con los malos y serás infelicidad. Dime con quién andas y te diré quién eres. Este sabio dicho revela lo importante que es ser selectivo en las amistades. Sin embargo, creo que todo es una experiencia de aprendizaje. Tienes que cometer errores para aprender o tienes que experimentar para saber lo que te gusta. La experiencia es un factor primordial para la evolución del ser humano, ya que estamos vagando seres sometidos a una realidad de expiación y evidencia.

Saber ser crítico

Somos seres en constante evolución. Es normal criticarse a sí mismo y siempre quiere mejorar su rendimiento en sus actividades diarias. Pero no exijas demasiado de ti mismo. El tiempo enseña y madura tus ideas. Divide tus tareas de tal manera que tengas suficiente ocio. La mente abrumada no produce nada de conveniente. Existe el momento de la siembra y la cosecha.

Se necesita empatía y control. Si tu compañero comete un error, dale un buen consejo, pero no lo vuelvas a crear. Recuerden que no podemos juzgar al otro porque también somos seres imperfectos y defectuosos. Sería un ciego guiando a otro ciego que no daría fruto. Reflexiona, planifica y date cuenta. Son los pilares necesarios para el éxito.

Si eres un jefe, exige habilidades de tus subordinados, pero también sé comprensivo y humano. Un entorno de trabajo cargado de vibraciones pesadas y negativas solo dificulta nuestro desarrollo. Se necesita cooperación, entrega, trabajo, determinación, planificación, control y tolerancia en el entorno de trabajo. Esto se llama democratización laboral, un elemento esencial en la conducta de los negocios, ya que nuestra sociedad es plural y multifacética. Por lo tanto, el medio ambiente debe ser un lugar de inclusión social.

Las grandes empresas que se esfuerzan por la inclusión y la sostenibilidad son admiradas por los clientes y los consumidores. Esto genera una imagen muy positiva dentro y fuera de la organización. Además de esto, los valores de unidad, asiduidad, dignidad y honor contribuyen a la perpetuidad del negocio. En este caso, recomiendo un encuentro puntual con profesionales altamente cualificados como: psicólogo, técnico de relaciones humanas, administradores, gerentes exitosos, escritores, profesionales de la salud entre otros.

Maestros de la vida

Estamos en una gran misión frente a una multitud totalmente desigual. Algunos tienen más conocimiento y otros tienen menos conocimiento. Sin embargo, cada uno de nosotros puede enseñar o aprender. La sabiduría no se mide por su edad o su condición social, es un don divino. Entonces podemos encontrar un mendigo que sea más sabio que un hombre de negocios exitoso. No se mide por el poder financiero, sino por una construcción de valores que nos hace más humanos. El éxito o el fracaso es solo una consecuencia de nuestros actos.

Nuestros primeros maestros son nuestros padres. Así que es cierto que nuestra familia es nuestra base de valores. Luego tenemos contacto con la sociedad y en la escuela. Todo esto reflexiona sobre nuestra personalidad. Aunque siempre tenemos el poder de elección. Llamada libre albedrío, es la condición de libertad de todos los seres y debe ser respetada. Soy libre de elegir mi camino, pero también tengo que soportar las consecuencias. Recuerda, solo cosechamos lo que plantamos. Por eso lo llamas un buen árbol, es el que da buenos frutos.

Nacemos con una predisposición al bien, pero a menudo el medio ambiente nos da daño. Un niño en estado de represión y miseria no se desarrolla de la misma manera que un niño rico. Esto se llama desigualdad social, donde pocas personas tienen mucho dinero y muchas personas son pobres. La desigualdad es el gran mal del mundo. Es una gran injusticia que trae sufrimiento y daño a la porción de la población menos favorecida. Creo que necesitamos más políticas de inclusión social. Necesitamos empleos, ingresos y oportunidades. Creo que la caridad es un acto de amor muy hermoso, pero creo que es humillante vivir precisamente eso. Necesitamos trabajo y condiciones dignas de supervivencia. Tenemos que esperar días mejores. Qué bueno es comprar cosas con nuestro propio trabajo y no ser discriminados. Necesitamos tener la oportunidad de todos, sin ningún tipo de discriminación. Necesitamos trabajos para negros, indígenas, mujeres, homosexuales, transexuales, de todos modos, para todos.

Creo que la salida de un nuevo modelo de sostenibilidad sería el trabajo conjunto de la élite con el gobierno. Menos impuestos, más incentivos financieros, menos burocracia ayudarían a reducir la desigualdad. ¿Por qué una persona necesita miles de millones en su cuenta bancaria? Esto es totalmente innecesario, incluso si es el fruto de su trabajo. Tenemos que gravar la gran fortuna. También necesitamos cobrar las deudas laborales y fiscales de las grandes empresas para generar dividendos. ¿Por qué privilegiar a la clase rica? Todos somos ciudadanos con derechos y deberes. Somos iguales antes de la ley, pero en realidad somos desiguales.

Ley de retorno

Un tiempo de angustia

Cuando llegue un tiempo de angustia y parezca que todos los injustos están prosperando, ten la seguridad. Tarde o temprano, caerán y los justos ganarán. Los caminos de Yahvé son desconocidos, pero son rectos y sabios, en ningún momento te abandonará, aunque el mundo te condene. Lo hace para que su nombre se perpetúe de generación en generación.

La relación planta-cosecha

Todo lo que haces en la tierra por tu bien está siendo escrito en el libro de la vida. Cada consejo, donación, desapego, ayuda financiera, palabras amables, cumplidos, cooperación en obras caritativas entre otros es un paso hacia la prosperidad y la felicidad. No creo que ayudar al otro el mayor bien es para los asistidos. Por el contrario, su alma es la más beneficiada por sus actos y puede obtener vuelos más altos. Ten en ti la conciencia de que nada es gratis, el bien que cosechamos hoy plantamos en el pasado. ¿Alguna vez has visto una casa de apoyo sin cimientos? Así también sucede con cada una de nuestras acciones.

¿Dar o no dar la limosna?

Vivimos en un mundo de cruel y lleno de estafadores. Es común que muchas personas con buenas condiciones financieras pidan limosna para enriquecer, un acto encubierto de robo que chupa el salario ya receloso de los trabajadores. Ante esta situación cotidiana, muchos se niegan a ayudar ante una solicitud de limosna. ¿Es esta la mejor opción?

Lo mejor es analizar caso por caso, sentir la intención de la persona. Hay innumerables azotes en la calle, no hay manera de ayudar a todos, eso es cierto. Pero cuando tu corazón lo permita, ayuda. Incluso si es un fraude, el pecado estará en la intención de la otra persona. Has hecho tu parte, has contribuido a un mundo menos desigual y más humano. Felicidades.

El acto de enseñar y aprender

Estamos en un mundo de expiación y pruebas, un mundo en constante cambio. Para adaptarnos a este entorno, nos encontramos en un rico proceso de enseñanza-aprendizaje que se refleja en todos los ambientes. Aproveche esta oportunidad, absorba las cosas buenas y niegue las malas para que su alma pueda evolucionar en el camino hacia el padre.

Siempre estés agradecido. Gracias a Dios por tu familia, amigos, compañeros de viaje, maestros de vida y todos aquellos que creen en ti. Devuélvele al universo algo de tu felicidad siendo un apóstol del bien. Realmente vale la pena.

Cómo actuar ante la traición

Ten cuidado con la gente, no confíes tan fácilmente. Los amigos falsos no lo pensarán dos veces y entregarán su secreto delante de todos. Cuando esto ocurre, lo mejor es dar un paso atrás y poner las cosas en sus lugares apropiados. Si puedes y has evolucionado lo suficiente, perdona. El perdón liberará tu alma del resentimiento y entonces estarás listo para nuevas experiencias. Perdonar no significa olvidar porque una vez que hayas roto tu confianza, no volverás.

Tenga en cuenta la ley de retorno que es la ley más justa de todas. Cualquier cosa que hagas mal al otro regresará con intereses para que usted pague. Así que no te preocupes por el daño que te han hecho, estarás ahí para tus enemigos, y Dios actuará con rectitud dándote lo que todos merecen.

El amor genera más amor

Bendito sea el que experimentó el amor o la pasión. Es el sentimiento más sublime que hay que comprende dar, renunciar, rendirse, comprender, tolerancia y desapego del material. Sin embargo, no siempre tenemos un sentimiento correspondido por el ser querido y es cuando se produce dolor y consternación. Hay un tiempo necesario para sopesarlo y respetar este período. Cuando te sientas mejor, sigue adelante y no te arrepientas de nada. Te encantó, y como recompensa, Dios le mostrará a la otra persona un camino, que él o ella seguirá su camino hacia adelante también. Hay una alta probabilidad de que sea rechazada por otros para pagar por el sufrimiento causado. Esto reinicia un círculo vicioso, donde nunca tenemos a quien realmente amamos.

Actuar en nombre de los pobres, excluidos y subordinados

Tratar de ayudar a las personas sin hogar, huérfanos, prostitutas, los abandonados y los no amados. Su recompensa será grande porque no pueden pagar su buena voluntad.

En una empresa, escuela, familia y sociedad en general tratan a todos con igualdad independientemente de su clase social, religión, etnia, elección sexual, jerarquía o cualquier especificidad. La tolerancia es una gran virtud para que ustedes tengan acceso a las más altas cortes celestiales.

Mensaje final

Bueno, ese es el mensaje que quería dar. Espero que estas pocas líneas iluminen tu corazón y te hagan una mejor persona. Recuerda: Siempre es hora de cambiar y hacer el bien. Acompáñanos en esta cadena de bien para un mundo mejor. Nos vemos en la próxima historia.

El camino del bienestar

El camino

El ser humano en toda su conciencia tiene dos dimensiones que observar: la forma en que se ve a sí mismo y la forma en que es visto por la sociedad. El mayor error es que puede cometer es tratar de ajustarse a un estándar de la sociedad como el nuestro. Vivimos en un mundo que es mayormente prejuicioso, desigual, tiranía, cruel, malvado, lleno de traiciones, falsedad e ilusiones materiales. Absorber buenas enseñanzas y ser auténtico es la mejor manera de sentirse en paz contigo mismo.

Aprender y conocerse mejor, confiar en los buenos valores, gustarse a sí mismo y a los demás, valorar la familia y practicar la caridad son maneras de encontrar el éxito y la felicidad. En esta trayectoria habrá caídas, victorias, penas, felicidad, momentos de ocio, guerra y paz. Lo importante en todo esto es mantenerte con fe en ti mismo y una fuerza mayor sea cual sea tu creencia.

Es esencial dejar atrás todos los malos recuerdos y seguir adelante con tu vida. Ten la seguridad de que Yahvé Dios prepara buenas sorpresas en las que sentirás el verdadero placer de vivir. Tener optimismo y perseverancia.

Los caminos a Dios

Soy el hijo del padre, el que vino a ayudar a esta dimensión en una evolución verdaderamente consistente. Aquí, cuando llegué, encontré una humanidad totalmente desordenada y desviada del objetivo principal de mi padre al crearla. Hoy en día, lo que vemos más a menudo son personas mezquinas, egoístas e incrédulas de Dios, competitivas, codiciosas y envidiosas. Siento pena por esta gente y trato de ayudarlos de la mejor manera que puedo. Puedo mostrar a través de mi ejemplo las cualidades que mi padre realmente quiere que cultiven: Solidaridad, comprensión, cooperación, igualdad, fraternidad, compañerismo, misericordia, justicia, fe, garra, persistencia, esperanza, dignidad y sobre todo amor entre los seres.

Otro problema importante es el orgullo humano de ser parte de un grupo o clase más favorecido. Te digo, esto no es una agalla ante Dios. Te digo que tienes los brazos y los corazones abiertos para recibir a tus hijos independientemente de tu raza, color, religión, clase social, orientación sexual, partido político, región o cualquier especificidad. Todos son iguales en asuntos ante su padre. Sin embargo, algunos son más beneficiados por sus obras y alma agradable.

El tiempo corre rápido. Así que no pierdas la oportunidad de colaborar por un universo mejor y más justo. Ayudar a los afligidos, los enfermos, los pobres, amigos, enemigos, conocidos, extraños, familia, extraños, hombres y mujeres, niños, jóvenes o ancianos, en resumen, ayudar sin esperar represalias. Grande será tu recompensa ante el padre.

Los buenos maestros y aprendices

Estamos en un mundo de expiación y evidencia. Somos seres

interdependientes y carentes de afecto, amor, recursos materiales y atención. Cada uno a lo largo de sus vidas está ganando experiencia y transmitiendo algo bueno a los más cercanos a ellos. Este intercambio mutuo es muy importante para alcanzar un estado de plena paz y felicidad. Comprender los propios, entender el dolor de los demás, actuar en nombre de la justicia, transformar conceptos y experimentar la libertad que el conocimiento proporciona no tiene precio. Es bueno que nadie pueda robarte.

Durante mi vida tuve grandes maestros: Mi padre espiritual y carnal, mi madre con su dulzura, maestros, amigos, familia en general, conocidos, compañeros de trabajo, el guardián, Ángel, El hindú, la sacerdotisa, Renato (mi compañero de aventura), Philippe Andrés (Un hombre marcado por una tragedia), tantos otros personajes que con su personalidad marcaron mi historia. En el revés de la historia, yo orientaba a mis sobrinos y a toda la humanidad a través de mis libros. He hecho bien ambos papeles y busco mi propia identidad. La clave de la pregunta es dejar una buena semilla para como dijo Jesús: los justos brillarán como el sol en el reino de su padre.

Buenas prácticas para mantenerse sobrio

Hay diferentes maneras de ver el mundo y acostumbrarse a él. En mi caso particular, pude mantener la estabilidad después de mucho tiempo de preparación espiritual interna. Desde mi experiencia, puedo dar consejos sobre cómo orientarme frente a la inconstancia de la vida: No bebas alcohol, no fumes, no uses drogas, trabaja, ocúpate con una actividad placentera, sal con amigos, camina, viaja en buena compañía, come y viste bien, ponte en contacto con la naturaleza, escapa de las prisas y la animación, descansar su mente, escuchar música, leer libros, cumplir con las obligaciones domésticas, ser fiel a sus valores y creencias, respetar a los ancianos, cuidar de la instrucción de los más jóvenes, ser piadoso, comprensivo y tolerante, reunirse a su grupo espiritual, ore, tener fe y no temas. De alguna manera el destino te abrirá las buenas puertas y luego encontrarás tu camino. Mucha suerte es lo que deseo para todos.

El valor a través del ejemplo

El hombre se refleja a través de sus obras. Este sabio dicho demuestra exactamente cómo debemos actuar para lograr la dicha. No sirve de nada al hombre tener valores consolidados si no los pone en práctica. Más que buenas intenciones necesitamos actitudes consolidadas para que el mundo se transforme.

El sentimiento en el universo

Aprende a conocerte a ti mismo, a valorarte más y a cooperar por el bien de los demás. Gran parte de nuestros problemas provienen de nuestros propios temores y deficiencias. Conociendo nuestras debilidades, podemos arreglarlas y planificar en el futuro para mejorar como ser humano.

Sigue tu ética sin olvidar el derecho de aquellos que están a tu lado. Siempre sé imparcial, justo y generoso. La forma en que tratas el mundo tendrá como retribución el éxito, la paz y la tranquilidad. No seas tan exigente contigo mismo. Trate de disfrutar de cada momento de la vida desde una perspectiva de aprendizaje. La próxima vez, sabrás exactamente cómo actuar.

Sentirse divino

Nada es por casualidad y todo lo que existe en el universo tiene su importancia. Ser feliz por el don de la vida, por la oportunidad de respirar, caminar, trabajar, ver, abrazar, besar y dar amor. Nadie es una pieza aislada, somos parte del engranaje del universo. Intenta hacer ejercicios de conexión mental simples. En tus momentos libres, ve a tu habitación, siéntate en tu cama, cierra los ojos y reflexiona sobre ti mismo y el universo mismo. A medida que se relaje, sus problemas se quedarán atrás y notarán el acercamiento al vínculo divino. Trate de enfocarse en la luz al final del túnel. Esta luz te trae la esperanza de que es posible cambiar, borrar los errores del pasado, perdonarte a ti mismo y hacer las paces con los enemigos haciéndoles amigos. Olvida las peleas, el resentimiento, el miedo y las dudas. Todo esto se mete en tu camino. Somos más activos cuando entendemos el lado del otro y tenemos la capacidad de seguir adelante. Gracias por estar sano y que todavía tiene tiempo para resolver los problemas pendientes.

Somos hijos del padre, fuimos creados para ayudar al planeta a evolucionar y también ser felices. Sí, podemos tenerlo todo si somos dignos de ello. Algunos son felices solos, otros junto a un compañero, otros participando en una religión o credo, y otros ayudando a los demás. La felicidad es relativa. Nunca olviden también que habrá días de desesperación y oscuridad y que es en este momento que su fe debe estar más presente. Frente al dolor, encontrar una salida a veces es bastante complicado. Sin embargo, tenemos un Dios que nunca nos abandona, aunque otros lo hagan. Habla con él y entonces entenderás las cosas mejor.

Cambiar la rutina

El mundo de hoy se ha convertido en una gran carrera contra el tiempo para sobrevivir. A menudo pasamos más tiempo en el trabajo que con nuestras familias. Esto no siempre es saludable, pero se hace necesario. Tómate los días libres para cambiar un poco tu rutina. Salir con amigos, cónyuge, ir a parques, teatros, subir montañas, ir a nadar en el río o en el mar, ir a visitar a familiares, ir al estadio de fútbol, leer libros, ver la televisión, navegar por Internet y hacer nuevos amigos. Tenemos que cambiar la visión rutinaria de las cosas. Necesitamos conocer un poco de este vasto mundo y disfrutar de lo que Dios ha dejado. Piensa que no somos eternos, que en cualquier momento algo puede suceder y tú ya no estás entre nosotros. Así que no dejes para mañana lo que puedes hacer hoy. Al final del día, gracias por la oportunidad de estar vivo. Este es el mejor regalo que hemos recibido.

La desigualdad mundial es justicia

Vivimos en un mundo inane, competitivo y desigual. El sentimiento de impunidad, falta de amor, avaricia e indiferencia es preponderante. Todo lo que Jesús ha enseñado en el pasado la mayor parte del tiempo no se está poniendo en práctica. Entonces, ¿qué sentido tiene que luche tan duro por un mundo mejor si no lo valoramos?

Es muy fácil decir que entiendes el dolor del otro, a veces tienes solidaridad y compasión viendo una imagen en Internet o incluso en la calle frente a un menor abandonado. Es difícil tener actitud y tratar de cambiar esta historia. Sin duda, la miseria del mundo es muy grande y no tenemos forma de ayudar a todos. Dios no te exigirá eso en el juicio. Sin embargo, si al menos puede ayudar a su vecino ya será de buen tamaño. Pero, ¿quién es el próximo? Es tu hermano desempleado, es tu triste vecino por perder a su esposa, es su compañero de trabajo que necesita tu guía. Cada acto tuyo, por pequeño que sea, cuenta en el aspecto de la evolución. Recuerde: Somos lo que nuestras obras son.

Siempre trata de ayudar. No exigiré su perfección, esto es algo que no existe en este mundo. Lo que quiero es que ames a tu prójimo, a mi padre y a ti mismo. Estoy aquí para mostrarles de nuevo lo grande que es mi amor por la humanidad, aunque no se lo merezca. Sufro mucho de la miseria humana y trataré de usarla como un instrumento de mi buena voluntad. Sin embargo, necesito tu permiso para poder actuar en tu vida. ¿Estás listo para vivir realmente mi voluntad y la de mi padre? La respuesta a esta pregunta será un hito definitivo en su existencia.

El poder de la música

Algo muy relajante y que recomiendo encarecidamente para el alcance de la paz y la evolución humana es escuchar música. A través de la letra y la melodía, nuestra mente viaja y siente exactamente lo que el autor quiere pasar. A menudo esto nos libera de todos los males que llevamos durante el transcurso del día. La presión de la sociedad es tan grande que a menudo nos impresionan los pensamientos negativos y envidiosos de los demás. La música nos libera y nos consuela despejando nuestras mentes por completo.

Tengo un gusto ecléctico por la música. Me gusta forró, Rock, Punk, música popular brasileña, internacional, romántica, country o cualquier música de buena calidad. La música me inspira y a menudo escribiendo los escucho de preferencias de música tranquilas. Hazlo también y verás una gran diferencia en tu calidad de vida.

Cómo luchar contra el mal

Hemos vivido una dualidad en el universo desde la caída del gran dragón. Esta realidad también se refleja aquí en la tierra. Por un lado, gente honesta que quiere vivir y cooperar y otros bastardos que buscan la desgracia de los demás. Mientras que la fuerza del mal es magia negra, el poder del bien es la oración. No olvides recomendarte a tu padre al menos una vez al día para que la fuerza de la oscuridad no te golpee.

Como Jesús enseñó, no temas al hombre que puede quitarle la vida de su cuerpo, un tema que puede condenar su alma. A través del libre albedrío simplemente puedes rechazar la embestida de enemigos. La elección para el bien o el mal es solo suya. Cuando peques, no te justifiques. Reconoce tu error y trata de no perderte más.

Una actitud que tuve en mi vida cambió por completo mi relación con el universo y con Dios. Deseaba que la voluntad del Señor se llevara a cabo en mi vida y entonces el espíritu santo actuara. Desde entonces solo tuve éxito y felicidad porque soy obediente. Hoy vivo en plena comunión con mi creador y estoy muy feliz por eso. Recuerda que es tu elección.

Soy el incomprensible

¿Quién soy? ¿De dónde vengo? ¿Adónde voy a ir? ¿Cuál es mi objetivo? Soy el incomprensible. Soy el espíritu del norte que sopla de allí a aquí sin dirección. Yo soy amor, la fe de los justos, la esperanza de los niños, soy la mano de ayuda de los afligidos, soy el consejo bien dado, soy tu conciencia alertando peligro, soy el que anima el alma, soy perdón, soy reconciliación, soy comprensivo y siempre creeré en tu recuperación incluso antes del pecado. Soy el de David, el primero y último, soy la providencia de Dios que crea los mundos. Soy el pequeño brote de ensueño del noreste destinado a conquistar el mundo. Soy Divino para el más íntimo, el vidente o simplemente el hijo de Dios por derecho. Bajé a mente de mi padre para salvarlos de nuevo de la oscuridad. Ante mí no hay poder, autoridad o realeza porque yo soy el Rey de Reyes. Soy tu Dios de lo imposible que puede transformar tu vida. Siempre créeme.

Experimentar problemas

Como ser divino puedo hacer todo y en forma humana vivo con debilidades como cualquier otra. Nací en un mundo de opresión, pobreza, dificultad e indiferencia. Entiendo tu dolor como nadie más. Puedo ver en lo más profundo de tu alma tus dudas y tu miedo a lo que pueda venir. Consciente de eso, sé exactamente la mejor manera de enfrentarlos.

Soy tu mejor amigo, el que está a tu lado cada hora. Puede que no nos conozcamos o no esté presente físicamente, pero puedo actuar a través de la gente y en espíritu. Quiero lo mejor para tu vida. No seas rebelde y entiendes la razón del fracaso. La razón es que algo está preparado para algo mejor, algo que nunca imaginaste. Lo aprendí por mi propia experiencia. Experimenté un intenso momento de desesperación en el que ningún ser vivo me ha ayudado. Casi el desgaste total, mi padre me rescató y mostró su inmenso amor. Quiero pagar y hacer lo mismo con el resto de la humanidad.

Sé exactamente lo que está pasando en tu vida. Sé que a veces se siente como si nadie te entendiera y se siente como si estuvieras solo. En estos momentos, buscar una explicación lógica no ayuda. La verdad es que hay una gran diferencia entre el amor humano y el mío. Mientras que el primero casi siempre está involucrado en un juego de intereses, mi amor es sublime y supremo. Yo de, críe, te proporcioné el don de la vida, y Me despertaba todos los días a tu lado a través de mi ángel. Me preocupo por ti y por tu familia. Me arrepiento mucho cuando sufres y se rechaza. Sepa que en mí nunca obtendrá un negativo. Mientras tanto, te pido que entiendas mis planes y los aceptes. He creado todo el universo y sé más que tú de la mejor manera. A esto algunos lo llaman destino o predestinación. Por mucho que todo parezca mal, todo tiene un significado y se mueve hacia el éxito si lo mereces.

Aquí está entre vosotros a alguien que amó y que ama. Mi amor eterno nunca pasará. Mi amor está lleno y no tiene demandas. Solo tienen valores consolidados de un buen hombre. No quiero poner palabras de odio, racismo, prejuicios, injusticia o desprecio en mí. No soy este Dios que pintan. Si quieres conocerme, aprende a través de mis hijos. Paz y bien para todos.

En el trabajo

No es bueno que el hombre tenga una mente desocupada. Si cultivamos la ociosidad, no dejaremos de pensar en los problemas, la inquietud, los temores, nuestra vergüenza, las decepciones, los sufrimientos y la inconstancia del presente y del futuro. Dios dejó al hombre la herencia del trabajo. Además de ser una cuestión de supervivencia, trabajar llena nuestro vacío más íntimo. La sensación de ser útil para ti mismo y para la sociedad es única.

Tener la posibilidad de estar en un trabajo, crecer profesionalmente, fortalecer las relaciones de amistad y afecto y de evolucionar como ser humano es un gran regalo el resultado de sus esfuerzos más tiernos. Sé feliz en tiempos de crisis. ¿Cuántos padres y madres no querían estar en tus zapatos? La realidad en nuestro país es el aumento del desempleo, la desigualdad, la indiferencia y la indiferencia política.

Haz tu parte. Mantenga un ambiente saludable en el trabajo donde pase gran parte del día. Sin embargo, no tengas tantas expectativas y no confundas las cosas. Los amigos por lo general se encuentran en la vida y en el trabajo solo colegas, excepto raras excepciones. Lo importante es cumplir estrictamente con sus obligaciones que implican asistencia, puntualidad, prontitud, eficiencia, responsabilidad y dedicación. Sea un ejemplo de conducta dentro y fuera de su avería.

Viajar

Dios es maravilloso, poderoso e inigualable. Por su gran amor, quería crear cosas y a través de su palabra existían. Todas las cosas materiales, inmateriales, visibles e invisibles producen gloria para el creador. Entre estas cosas está el hombre. Considerado un punto diminuto en el universo, es capaz de ver, sentir, interactuar, percibir y darse cuenta. Estamos aquí para ser felices.

Aprovecha las oportunidades que la vida te da y conoce un poco de este universo. Usted quedará encantado con las pequeñas y grandes obras naturales. Siente el aire fresco, el mar, el río, el bosque, las montañas y tú mismo. Reflexiona sobre tus actitudes y experiencias a lo largo de tu vida. Créeme, esto te dará calidad de vida y un sentido de paz indescriptible. Sé feliz ahora. No lo dejes para más tarde porque el futuro es incierto.

Buscando derechos

Sea un ciudadano de pleno derecho que viva sus derechos por completo. Conozca exactamente sus deberes y obligaciones. En caso de que sean violados, usted puede buscar reparación en la corte. Incluso si su petición no se cumple, su conciencia estará limpia y lista para seguir adelante. Recuerden que la única justicia que no falla es lo divino y con las actitudes correctas, su bendición vendrá.

Cree en el amor pleno

Hoy vivimos en un mundo dominado por el interés, la iniquidad y la falta de comprensión. Es desalentador darse cuenta de que lo que realmente queremos para nosotros no existe o es absolutamente raro. Con la devaluación del ser y el amor verdadero, nos quedamos sin alternativas. He sufrido lo suficiente por los desafíos de la vida y por mi experiencia sigo creyendo en una esperanza, aunque sea quizás distante. Creo que hay un padre espiritual en otro plano observando todas nuestras acciones. Sus obras a lo largo de su carrera acreditarán una felicidad futura junto a una persona especial. Sea optimista, perseverante y tenga fe.

Saber cómo manejar una relación

El amor es divino. Siendo este sentimiento conceptualizado como el deseo del bienestar del otro individuo. En el proceso de llegar a esta etapa, usted necesita saber. El conocimiento encanta, desencanta o amorfo. Saber cómo lidiar con cada una de estas fases es tarea del buen administrador. Usando una figura de lenguaje, el afecto se puede comparar con una planta. Si lo regamos con frecuencia, crecerá y dará buena fruta y flores. Si la despreciamos, se descompone y termina. Estar en una relación puede ser algo positivo o negativo dependiendo de con quién estemos. Vivir juntos para una pareja es el gran desafío de los tiempos modernos. Saber que el amor por sí solo no es suficiente para perpetuar una unión es algo que implica factores más amplios. Sin embargo, es un poderoso refugio en tiempos de angustia y desesperación.

El masaje

El masaje es un gran ejercicio que se puede hacer. Quién es el receptor tiene la oportunidad de experimentar el placer causado por la relajación de los músculos. Sin embargo, se debe tener cuidado de no exagerar la proporcionalidad de la fricción entre las manos y el área trabajada. Usted puede tomar aún mejor ventaja de eso cuando hay un intercambio entre dos personas que se aman.

La adopción de valores morales

Una buena orientación es esencial para desarrollar un sentido capaz de establecer conexiones sinceras, realistas, bien disfrutadas y verdaderas. Como dice el dicho, la familia es la base de todo. Si dentro somos buenos padres, hijos, hermanos y compañeros también estaremos fuera de ella.

Practica una ética de valores capaz de dirigirte al camino del bienestar. Piensa en ti mismo, pero también en el derecho del otro siempre con respeto. Trata de ser feliz, aunque tu mente te debilite y te desanime. Nadie sabe realmente lo que pasa si no toman medidas y lo intentan. Lo más que puede pasar es un fracaso y fueron hechos para entrenarnos y hacernos verdaderos ganadores.

Tener el espíritu de un verdadero amigo

Cuando Jesús estaba en la tierra nos dejó un modelo de comportamiento y un ejemplo a seguir. Su mayor acto fue la rendición en la cruz por nuestros pecados. En esto se encuentra el valor de una verdadera amistad, donando tu vida por el otro. ¿Quién haría eso por ti? Echa un buen vistazo. Si su respuesta es positiva, valore a esta persona y ámala sinceramente porque este sentimiento es raro. No arruines esta relación por nada. Corresponder con las acciones y las palabras un poco de este gran amor y ser feliz.

Acciones a observar

1. Haz a los demás lo que te gustaría que te hicieran. Esto incluye ser amigable, caritativo, amable, generoso y esforzarse por no herir a los demás. No tienes dimensión de lo que es sufrir debido a palabras extraviadas. Usa este poder solo para proporcionar el bien y la comodidad a los demás porque no sabemos lo que el destino nos tiene.
2. Sé el enemigo de las mentiras y camina siempre con la verdad. Por mucho que lo haga, es mejor confesar todo lo que pasó. No te justifiques ni ablandes las noticias. Sé claro.
3. No robes lo que es del otro y no cruces en el camino de la vida de los demás. Sea justo en los pagos y la capacidad de la cuenta. No cultiven la envidia, la calumnia o la falsedad con los demás.
4. Todos somos parte de un todo conocido como Dios, destino o conciencia cósmica. Para mantener la armonía, la complicidad y la comunión en la relación, se necesita un esfuerzo tremendo para mantenerse alejado de las cosas del mundo. Ejercita siempre bien y tu camino poco a poco será trazado hasta el padre celestial. Como he estado diciendo, no tengas miedo de nada. A diferencia de lo que muchas religiones pintan, mi padre no es un verdugo o un intolerante, exalta el amor, la tolerancia, la generosidad, la igualdad y la amistad. Cada uno tiene su propio lugar en mi reino si se lo gana.
5. Tener una vida sencilla y segura. No acumule bienes materiales sin necesidad y no ceda a las extravagancias. Todo tiene que estar en la medida correcta. Si eres rico o rico, practica siempre el arte de la donación y la caridad. No sabes lo bueno que esto va a hacer por ti mismo.
6. Mantenga el cuerpo, el alma y el corazón limpios. No cedas a las tentaciones de la lujuria, la glotonería o la pereza.
7. Cultivar el optimismo, el amor, la esperanza, la fe y la perseverancia. Nunca te rindas en tus sueños.

8. Siempre que pueda participar en proyectos sociales comunitarios. Cada acción para los menores favorecidos aumentará su tesoro en el cielo. Prefiere esto al poder, el dinero, la influencia o el estatus social.
9. Acostumbrarse a valorar la cultura en sus diversas manifestaciones. Ir de turismo con amigos, cine, teatro y leer libros inspiradores. El mundo mágico de la literatura es un mundo rico y diverso que le traerá un montón de entretenimiento.
10. Medita y reflexiona sobre tu presente y tu futuro. El pasado ya no importa e incluso si tu pecado es tan escarlata podría perdonarte y mostrarte mi verdadero amor.

Cuidado de la alimentación

Cuidar nuestro cuerpo es esencial para que vivamos bien. Uno de los elementos básicos y muchos importantes es la comida. Adoptar una dieta equilibrada es la mejor manera de evitar enfermedades. Adquiere hábitos saludables y come alimentos ricos en vitaminas, minerales, fibras y proteínas. También es importante comer solo lo que es necesario para la supervivencia evitando el desperdicio.

Consejos para vivir largos y bien

1. Mantenga siempre el cuerpo y la mente activos.
2. Tener un novio.
3. Cultiva tu creencia con respecto a los demás.
4. Tener valores sólidos y generosos de convivencia social.
5. Coma moderadamente.
6. Tener una rutina de ejercicios apropiada.
7. Duerme bien.
8. Sea mar.
9. Despierta temprano.
10. Viaja mucho.

Baile

La danza es un ejercicio muy importante para el bienestar del individuo. Ayuda a combatir el envejecimiento, los problemas de espalda y la locomoción, aumenta la positividad. La integración con cada melodía no siempre es una tarea fácil, pero placentera y gratificante. Tener una habitualidad en este ejercicio y tratar de ser feliz.

Ayuno

El ayuno es apropiado en días santos o cuando hacemos promesas para ayudar a las almas que están en problemas en el mundo de los espíritus. Sin embargo, una vez terminado, se recomienda recomponer las fuerzas ingiere alimentos saludables y diversos.

El concepto de Dios

Dios no ha comenzado y no tendrá fin. Es el resultado de la unión de las fuerzas creativas del bien. Está presente en todas las obras de su creación comunicando con ellos a través del proceso reflexivo mental lo que muchos llaman el "Ser Interior".

Dios no se puede definir con palabras humanas. Pero si pudiera decir que es amor, fraternidad, dar, caridad, justicia, misericordia, comprensión, justicia y tolerancia. Dios está dispuesto a aceptarlo en su reino si te lo mereces. Recuerda algo realmente importante: Solo tienes derecho a descansar en el reino de los cielos que descansó de tus obras, tus hermanos.

Pasos de mejora

La tierra es un mundo de expiación y evidencia para que la gente progrese. Esta etapa de nuestra existencia debe estar marcada por nuestras buenas acciones para que podamos vivir una dimensión espiritual satisfactoria. Al alcanzar la plenitud de la perfección, el ser humano se convierte en parte de la dimensión cósmica o simplemente conceptualizado como Dios.

Características de la mente

1. El buen deseo debe ser alentado y puesto en práctica eficazmente.
2. El pensamiento es una fuerza creativa que debe ser liberada para que el espíritu creativo florezca.
3. Los sueños son signos de cómo vemos el mundo. También pueden ser mensajes de los dioses en relación con el futuro. Sin embargo, es necesario permanecer en la realidad para lograr resultados concretos.
4. El discernimiento, el conocimiento y el desapego de las cosas materiales deben ser trabajados en la mente de todos los que buscan la evolución.
5. Sentir parte del universo es el resultado de un proceso de mejora y conciencia. Sepa cómo reconocer su voz interior.

¿Cómo se supone que me sienta?

Gracias por el don de la vida y por todo lo que tu padre te ha dado. Cada logro, cada día vivido debe ser celebrado como si otro no existiera. No te menosprecies a ti mismo y sabes reconocer tu papel en la dimensión del cosmos. Mis padres los ven con una mirada de grandeza a pesar de su limitación e incredulidad. Hazte digno de las cosas buenas.

Haz como el pequeño soñador del Interior de Preámbulo conocido como Divino. A pesar de todos los desafíos y dificultades impuestos por la vida, nunca dejó de creer en una fuerza mayor y en sus propias posibilidades. Cree siempre en la esperanza porque Dios nos ama y quiere lo que es mejor para nosotros. Sin embargo, intente hacer su parte en este proceso. Sé activo en tus proyectos y sueños. Viva cada paso completamente y si falla no se desanime. La victoria vendrá por merecer.

El papel de la educación

Somos seres listos para evolucionar. Desde la concepción, la infancia e incluso la inclusión en la propia escuela somos capaces de aprender y relacionarnos con los demás. Esta interacción es muy importante para nuestro desarrollo en general. Es en este punto que los maestros, padres, amigos y todas las personas que conocemos juegan un papel clave en la construcción de una personalidad. Debemos absorber las cosas beneficiosas y rechazar las malas pisando el camino correcto hacia el padre.

Conclusión

Cierro aquí este primer texto en busca de conocer las religiones. Espero que desde mi punto de vista ustedes hayan asimilado buenas enseñanzas y si ayuda, incluso si es solo una persona, daré tan bien dado el tiempo utilizado en su elaboración. Un abrazo a todos, el éxito y la felicidad.

Ganar por fe
Victoria sobre enemigos espirituales y carnal

Así dice Yahvé: "A los justos, a los que con razón siguen mis mandamientos practicando el arte diario del bien, les prometo protección constante ante mis enemigos. Incluso si una multitud o incluso todo el infierno se lanza contra ti, no temerás ningún mal por yo te sostendré. Por mi nombre, diez mil caerán a tu derecha y cien a tu izquierda, pero no te pasará nada, porque mi nombre es Yahvé."

Este mensaje emblemático de Dios es suficiente para dejarnos tranquilos ante la ira de los enemigos en cualquier situación. Si Dios es para nosotros, ¿quién estará contra nosotros? De hecho, no hay nadie más grande que Dios en ninguna parte del universo. Todo lo que está escrito en el libro de la vida sucederá y seguramente tu victoria vendrá, hermano. El triunfo de los injustos se hace paja, pero el trigo permanecerá para siempre. Así que vamos a tener más fe.

La relación hombre-Dios

Al hombre se le dio la administración de la tierra para que pudiera hacerla dar fruto y prosperar. Como Jesús nos enseñó, nuestra relación con Dios debe ser de padre a hijo, y como resultado no nos avergonzamos de acercarnos a él, aunque el pecado lo haga temeroso. Yahvé aprecia el buen corazón, el hombre trabajador, el que se esfuerza por mejorar siempre para que pueda seguir el camino de la evolución permanente.

En el momento del pecado, es mejor reflexionar sobre lo que lo causó para que el error no se repita una vez más. Buscar caminos alternativos y buscar nuevas experiencias siempre se suma a nuestro plan de estudios, haciéndonos personas más preparadas para la vida.

El punto principal de todo esto es abrir tu vida a la acción del espíritu santo. Con su ayuda, podemos llegar a un nivel que podemos decir que está conectado con cosas buenas. Esto se llama comunión y es necesario, entregado y pasión para que pueda ser vivido plenamente. Renunciar a las cosas del mundo corporal y negar el mal dentro de ti son condiciones necesarias y efectivas para nacer de nuevo en un mundo cambiante. Seremos el espejo de Cristo resucitado.

Creer en Yahvé con dolor

Vivimos en un mundo de expiación y prueba, que constantemente nos hace sufriendo. Sufrimos por un amor perdido o no correspondido, sufrimos por la pérdida de un miembro de la familia, sufrimos por problemas financieros, sufrimos por el malentendido del otro, sufrimos a causa de la violencia causada por la iniquidad humana, sufrimos en silencio por nuestras debilidades, nostalgia, enfermedades y miedo a la muerte, sufrimos por derrotas y días tristes en los que queremos desaparecer.

Mi hermano, ya que el dolor es inevitable para aquellos que viven en este mundo, tenemos que aferrarnos a Yahvé y a su hijo Jesucristo. Este último se sentía en la piel como un hombre de todo tipo de incertidumbres, miedos, desgracias y, sin embargo, nunca dejó de ser feliz. Seamos también así, viviendo cada día con la sensación de que puedes hacerlo mejor y con una probabilidad de progresión. El secreto es seguir adelante y pedirle ayuda para llevar nuestras cruces. El omnipotente recompensará tu sinceridad y conversión y transformará tu vida en un mar de delicias. No se trata de garantizar la exclusión del dolor, sino de saber cómo vivir juntos de una manera que no afecten nuestro buen humor. Y así la vida puede seguir sin mayores problemas.

Ser un hombre honesto de fe

El verdadero cristiano sigue el ejemplo de Jesús en todas las circunstancias. Además de los mandamientos que son esenciales, tienes una noción del Evangelio, de la vida misma, del mal y del peligro del mundo, y conoces la mejor manera de actuar. El cristiano debe ser un ejemplo de ciudadano porque hay reglas que seguir y observar en el conjunto social. Una cosa es la fe y otra cosa es el respeto por tu pareja.

Lo que Yahvé quiere es que el hombre también sea su ciudadano y no solo el mundo. Para ello, uno debe ser un buen padre, un buen hijo, un buen esposo, un amigo fiel, un siervo dedicado en la oración, un hombre o una mujer que vive por trabajo porque la ociosidad es el taller del diablo. ¡Comprometido con el tema de Yahvé, el ser humano puede dar un paso importante hacia ser feliz y finalmente ganar por fe! Un gran abrazo a todos y nos vemos la próxima vez.

Los Cristos

La misión del hombre

La tierra fue creada para albergar la vida en abundancia, así como otras estrellas esparcidas por las innumerables partes del universo. Yahvé Dios, el amor consolidado, buscado por la fuerza, el poder, la dulzura y la gracia para crear seres humanos, criaturas especiales que tienen la prerrogativa de ser su imagen y semejanza.

Pero el hecho de que sea su imagen y semejanza no significa que tengan la misma esencia. Mientras que Yahvé posee todos los predicados de la perfección el hombre es defectuoso y pecaminoso por la naturaleza misma. Así Dios quiso demostrar su grandeza, nos amó tanto que nos dio Libre albedrío sí mismo proporcionando los elementos clave para que podamos encontrar para nosotros el camino de la felicidad.

Concluimos que la perfección en la tierra nunca se ha logrado desde siempre, lo que pone fin a algunas leyendas antiguas de ciertas religiones. Vivimos la dualidad, una condición fundamental para existir como ser humano.

Ahora viene la pregunta: ¿Cuál es el significado de la creación del universo y de la vida misma? Yahvé y sus planes son desconocidos para la mayoría de las personas muchos de ellos ni siquiera se dan cuenta de lo que sucede a su alrededor. Podemos decir que mi padre vive para siempre. Engendró dos hijos, Jesús y Divino que creó las estrellas celestiales siendo las primeras de ellas llamadas kalenquer. En este planeta con aspectos similares a los de la tierra presente, crearon los ángeles que son los segundos en orden de importancia universal. Después de eso, viajó a través del universo para continuar el misterio de la creación, dejando su autoridad en manos de Jesús, Divino y Miguel (un siervo muy dedicado). Esto fue hace unos quince mil millones de años.

Desde este momento hasta el presente, el universo se transformó de tal manera que la creación inicial ni siquiera se reconoce. El sentido de la vida que es de cooperación, unidad, caridad, amor, donación y liberación se ha convertido en disputa, envidia, falsedad, enemistad, crimen, devastación de los recursos naturales, amor al dinero y al poder, individualismo y búsqueda de la victoria a toda costa.

Ahí es donde quiero llegar. Soy el hijo espiritual de Yahvé espiritual y vine a la tierra para cumplir una misión muy importante. Quiero llamar a mis hermanos al trasero de mi padre y a mi reino. Si aceptan mi invitación, prometo una dedicación constante a sus causas y felicidad suprema. ¿Qué requiere Dios de ti para esto?

Sé el Cristo

Hace unos dos mil años, la tierra tuvo el privilegio de recibir al primogénito de Dios. Conocido como Jesucristo fue enviado por su padre para traer la verdadera palabra de Dios y redimir nuestros pecados. Con su ejemplo, durante sus treinta y tres años de vida, Jesús cavó los fundamentos fundamentales del hombre perfecto que agrada a Dios. Jesús vino a aclarar puntos fundamentales en la relación del hombre con Dios.

El punto principal de la vida del Mesías fue su acto de valentía al entregarse a la cruz sirviendo como sacrificio por la humanidad pecaminosa. "El verdadero amigo es aquel que da su vida por el otro sin reservas y Cristo fue un ejemplo viviente de ello."

Entregarse, entregarse por el hermano, guardar los mandamientos explícitos e implícitos en los libros santos y hacer el bien son siempre requisitos para heredar el reino de Dios. Este es el reino de Jesús, el mío y todas las almas del bien, cada uno en su merecido lugar.

Cultiva valores sanos y humanos ayudando en la evolución continua del universo y estarás plantando una buena semilla hacia el reino eterno. Manténgase alejado de las malas influencias y no apoye algunas de sus prácticas. Saber discernir el bien del mal. Sea prudente y cauteloso.

El mundo en el que vivimos es un mundo de apariencias donde vale la pena tener más que ser. Hazlo de otra manera. Sé la excepción y valora lo que realmente vale la pena. Reúne tesoros en el cielo donde los ladrones no roban o la polilla y el óxido se corroen.

Después de todo lo que se ha hablado con buenas ubicaciones, depende de una reflexión personal y un análisis cuidadoso de su parte. Es tu libre decisión de integrarte o no en este reino, pero si por casualidad tu decisión es un sí sentirte abrazado por mí y por todas las fuerzas celestiales. Haremos de este mundo un mundo mejor promoviendo siempre el bien y la paz. Sé uno de los "Cristos». En el mundo futuro, si Dios quiere, estaremos juntos con el padre en completa armonía y placer. Nos vemos la próxima vez. Yahvé estar contigo.

Los dos caminos

La elección

La tierra es un entorno natural donde los seres humanos han sido colocados para interactuar entre sí, aprendiendo y enseñando de acuerdo con sus experiencias. Por la fuerza del libre albedrío, el ser humano siempre se enfrenta a situaciones que requieren la toma de decisiones. En este momento, no existe una fórmula mágica de resolución sino un análisis de alternativas que no siempre aportan resultados satisfactorios.

Los errores cometidos en estas decisiones nos hacen tener un espíritu más crítico y una mente más abierta para que en el futuro tengamos más golpes en las decisiones futuras. Es la llamada experiencia de causa que solo se logra con el tiempo.

Está muy claro a lo largo de nuestra trayectoria en la Tierra que hay dos hebras que actúan en el universo: una maligna y otra benigna. Aunque nadie es completamente malo o bueno, nuestras acciones preponderantes son quienes decidirán nuestra parte en esta disputa.

Mi experiencia

Soy el hijo de Yahvé espiritual, conocido como Mesías, Divino, hijo de Dios, o simplemente vidente. Nací en un pueblo en el interior del noreste y esto me dio la oportunidad de ponerme en contacto con los peores males de la humanidad.

Las opciones ciertamente tienen un gran peso en nuestras vidas y especialmente en nuestra personalidad. Soy hijo de granjeros, me ha desarrollado con buenos valores y siempre los seguí al que la llamaban. Crecí en la pobreza, pero nunca me faltó bondad, generosidad, honestidad, carácter y amor por los demás. Aun así, no me salvaron del mal tiempo.

Mi humilde condición era un gran flagelo: no tenía dinero para la comida adecuada, no tenía suficiente apoyo financiero en mis estudios, me ha desarrollado en el interior con poca interacción social. Aunque todo fue difícil, decidí luchar contra esta corriente en busca de mejores días siendo mi primera opción importante.

No fue nada fácil. Sufrí mucho, a veces perdí la esperanza, me rendí, pero algo en el fondo dijo que Dios me apoyó y preparó para mí un camino lleno de logros.

En el mismo momento en que ya me había entregado, Yahvé Dios actuó y me entregó. Me adoptó como hijo y me resucitó por completo. A partir de ahí decidió vivir en mí para transformar las vidas de las personas más cercanas.

Todo depende de nosotros

El mal y mi sufrimiento personal han sido lecciones que tomo toda mi vida. He decidido por la luz hacer el bien aquí en la tierra y tener mi lugar asegurado en el reino divino. La promesa es que gobernaré con Jesús.

Al igual que me hizo a mí, mi padre también puede hacerlo por ti, hermano. Todo lo que se necesita es la actitud y la voluntad sincera de cambiar. Renuncia al mundo y vive por el creador, el que realmente te ama.

Por todo lo que he vivido, puedo decir que vale la pena mientras está en paz contigo mismo, con la familia y con tu prójimo en general. Ya sea de cualquier religión, la elección de una vida dedicada a Dios y, en consecuencia, la práctica del bien es la mejor elección que puedes tomar.

No pierdas más tiempo, cambia, sal de tu vida oscura y ven al lado del bien. El reino de Dios busca ganar a todos sus hijos por una vida llena de felicidad. Después de lograr la reconciliación con tu padre, trae a tus padres, hermanos y parientes. Marca la diferencia. Te garantizo que ya no serás el mismo.

Bueno, aprecio tu atención hasta ahora. Un gran abrazo, suerte y éxito en tus esfuerzos. Quédate con Dios.

Destino

Reino de la Luz, octubre 1982

El consejo superior se reunió apresuradamente para deliberar sobre una pregunta importante: ¿Cuál sería el espíritu encargado de hacer un trabajo? Uno de los miembros tomó la palabra pronunciando:

Este trabajo es muy importante. Tenemos que elegir a alguien que sea de nuestra completa confianza y que esté preparado para el desafío de vivir en la tierra.

Una acalorada discusión comenzó entre los miembros, cada uno con su sugerencia. Como no llegaron a un acuerdo, se votó rápidamente en el que se eligió al representante electo. El espíritu versus y el arcángel y fueron elegidos para su protección.

Una vez que se tomó la decisión, Yahvé respiró y los espíritus fueron enviados a la tierra. Uno para un cuerpo carnal y otro para un cuerpo espiritual, capaz de sobrevivir en el entorno de la Tierra. Así es como Divino y su Amado Arcángel llegaron a la tierra y este es el proceso similar para cada ser humano elegido. Todos tenemos la esencia divina.

La misión

Divino nació y creció en medio de asombrosas dificultades en algún lugar del estado de Pernambuco. Chico inteligente y amable, siempre ha sido útil para la gente en general. Incluso vivir con prejuicios, miseria e indiferencia nunca se rindió a vivir. Este es un gran logro frente a la consternación política y social en la que se inserta el noreste.

A la edad de veintitrés años, vivió con la primera gran crisis financiera y personal. Los problemas lo llevaron a tocar fondo, un período llamado la noche oscura del alma, donde olvidó a Dios y sus principios. Divino estaba cayendo sin parar en un acantilado sin fondo hasta que algo cambió: En el momento en que iba a caer al suelo, el ángel de Yahvé actuó y lo liberó. ¡Gloria a Yahvé!

A partir de ahí las cosas empezaron a cambiar: consiguió un trabajo, comenzó la universidad y comenzó a escribir para terapia. Aunque la situación sigue siendo difícil, al menos tiene perspectivas de mejora.

Durante los siguientes cuatro años, completó la universidad, cambió de trabajo, dejó de escribir y comenzó un seguimiento de su don que estaba empezando a desarrollarse. Así comenzó la saga del vidente.

El significado de la visión

Divino, la psíquica, se estaba tratando a sí misma en una clínica médica privada con un famoso parapsicólogo. Después de un largo tratamiento de seis meses finalmente llegó a una conclusión en la duodécima sesión. Transcribiré en resumen la siguiente reunión:

En el centro de Atalanta, un sencillo edificio de un solo piso que se perdió en medio de los edificios de lo que era la capital del campo. Divino había llegado a las ocho de la mañana y como el médico fue atendido de inmediato. Ambos fueron a una habitación privada y al llegar allí, Divino y el doctor Héctor Magen fueron cara a cara. Este último inició el contacto:

"Tengo buenas noticias. Desarrollé una sustancia capaz de transformar tus impulsos eléctricos espirituales en unidades fotoquímicas grabables a través de mi dispositivo. Dependiendo de los resultados, llegaremos a una conclusión definitiva.

"Tengo miedo. Sin embargo, deseo saber toda la verdad. Adelante, doctor.

Genial.

El doctor Héctor Magen con un letrero acercó a Divino a un extraño, circular y extenso dispositivo lleno de piernas y cables. El dispositivo tenía como un lector manual y suavemente el parapsicólogo ayudó al joven a publicar sus manos. El contacto produjo un choque intenso en Divino y los resultados aparecieron en un visor en el otro lado. Segundos más tarde, Divino retiró su mano y el médico imprimió el resultado automáticamente.

En posesión del examen, hizo un rostro de alegría y volvió a comunicarse:

"Eso es lo que sospechaba. Las visiones que tienes son parte de un proceso natural que está asociado con otra vida. Tu objetivo es guiarte en el camino. Sin contraindicaciones.

"¿Quieres decir que soy normal?

"Normal. Digamos que eres especial y único en el planeta. Creo que podemos parar aquí. Estoy satisfecha.

"Gracias por su dedicación y compromiso en mi causa. La amistad se queda.

"Yo digo lo mismo. Buena suerte, hijo de Dios.

"Para ti también, adiós.

Adiós.

Dicho esto, los dos se fueron. Este día marcó la revelación de las visiones de Divino y a partir de ahí su vida seguiría el curso normal.

Con la revelación sobre las visiones, Divino decidió continuar en el trabajo y volvió a escribir. Debido a su don, se llamó a sí mismo "El Vidente» y comenzó a construir la serie literaria del mismo nombre. Todo lo que había construido hasta ahora le mostró lo digno que era trabajar para una misión que había sido confiada por el propio Yahvé.

Divino actualmente se enfrenta a la vida con optimismo. A pesar de que la vida todavía le predica sorpresas, persiste en sus metas al mostrar el valor y la fe de su persona. Es un ejemplo de que la vida y sus dificultades no han destruido.

El secreto de su éxito reside en la creencia en una fuerza mayor que impulsa todo lo que existe. Armado por esta fuerza, es posible que el hombre supere las barreras y cumpla su destino reservado en las líneas de vida.

He aquí, el secreto es el siguiente: "Vivir la vida con alegría, con fe y esperanza. Transforma parte de su trabajo para todo el universo y esto es lo que Divino quiere hacer con su literatura».

Buena suerte a él y a todos los que contribuyen a la cultura de este país. Buena suerte a todos y un abrazo amoroso.

Autenticidad en un mundo corrupto
Tristeza en tiempos difíciles

Los injustos perecen y a menudo tratan de culpar a Dios y a los demás. No se da cuenta de que está cosechando los frutos de su trabajo, de su locura en tratar de vivir rebelde y lleno de vicios. El consejo es que no me preocupo por el éxito de los demás ni le envidio. Trate de entender y encontrar su propio camino a través de buenas obras. Sé honesto, verdadero y auténtico por encima de todo y entonces la victoria vendrá por merecer. Aquellos que pongan su fe en Yahvé saldrán decepcionados en poco tiempo.

Vivir en un mundo corrupto

El mundo de hoy es muy dinámico, competitivo y lleno de violencia. Ser bueno en estos días es un verdadero desafío. A menudo fieles experimentan situaciones de traición, falsedad, envidia, codicia, falta de amor. Mi padre busca lo contrario: bondad, cooperación, caridad, amor, determinación, garra y fe. Toma tu decisión. Si eliges el bien, te prometo ayuda en todas sus causas. Le pediré a mi padre sus sueños y él me escuchará porque todo es posible para aquellos que creen en Dios.

Cultivar valores solidificados que le dan seguridad y libertad. Tu libre albedrío debe ser usado para tu gloria y bienestar. Elige ser apóstol del bien. Sin embargo, si caminas por el camino de las tinieblas, no podré ayudarte. Estaré triste, pero respetaré cualquier decisión tuya. Eres totalmente libre.

Frente a un mar de barro es posible filtrar buena agua y esto es lo que quiero hacer contigo. El pasado ya no importa. Te haré el hombre del futuro: Feliz, tranquilo y cumplido. Seremos felices para siempre ante Dios Padre.

Mientras exista el bien, la tierra permanecerá

No te preocupes por las predicciones astronómicas sobre el fin de la vida en la Tierra. Aquí hay alguien que es más grande que ellos. Mientras haya buena vida en la tierra permanecerá por eso lo deseo. A medida que avanza el tiempo, el mal se extiende sobre la tierra contaminando mis plantaciones. Llegará un momento en que todo se consumará y se hará la separación entre lo bueno y lo malo. Mi reino vendrá sobre ustedes permitiendo el éxito de los fieles. En este día del Señor se pagarán las deudas y la distribución de los dones.

Mi reino es un reino de delicias donde prevalecerá la justicia, la soberanía del padre y la felicidad común. Todos, grandes y pequeños, se inclinarán ante su gloria. Amén.

Los Justos no serán sacudidos

En medio de tormentas y terremotos, no seas yo. Ante ustedes, hay un Dios fuerte que los sostendrá. Su autenticidad, honor, fidelidad, generosidad y bondad lo salvaron. Sus actos fraternos los guiarán ante los grandes y sed considerados sabios. En la vida has demostrado lo suficiente para ser justificado y elevado. ¡Vivo!

Sé la excepción

He aquí, soy justo, camino con integridad, practico la justicia, digo la verdad, no calumnio y no hago daño a los demás. Soy la excepción en un mundo donde el poder, el prestigio, la influencia y el exterior son lo más importante. Por lo tanto, le ruego, señor, protéjame con sus alas y su escudo de todos mis enemigos. Que mi autenticidad dé fruto y me coloque entre los grandes ganadores.

Aquellos que desprecian la rectitud y la ley no conocen ni a usted ni a sus mandamientos. Estos serán tomados de su granero en el lago de fuego y azufre donde pagarán día y noche sin cesar por sus pecados. Cualquiera que tenga oídos que escuche.

Mi fortaleza

Mi fuerza es mi fe y mis obras testifican de mi bondad. No puedo tener suficiente de ayudar a otros por mi propia voluntad. No consigo nada a cambio, mi premio vendrá del cielo. En el día del Señor, cuando me reúna en vuestros brazos, tendré pruebas de que mis esfuerzos han sido dignos.

Mi Dios es el Dios de lo imposible y su nombre es Yahvé. Ha hecho innumerables maravillas en mi vida y me trata como a un hijo. Bendito sea tu nombre. También únete a nosotros en esta cadena de bien: Ayuda a los afligidos y a los enfermos, ayuda a los necesitados, instruye a los ignorantes, da buenos consejos, da a los que no pueden pagar, y entonces tu recompensa será grande. Su morada estará en el reino de los cielos delante de mí y de mi padre, y entonces probarás la verdadera felicidad.

Los valores

Cultivar los valores propuestos en los mandamientos y las leyes divinas. Construye tu propia autenticidad e idoneidad. Vale la pena ser apóstol de la bienaventuranza en la tierra, recibirás maravillosos dones y gracias que te harán feliz. Buena suerte y éxito en vuestros esfuerzos es lo que deseo con todo mi corazón.

Buscando la paz interior
El Dios Creador

El universo y todo lo que contiene es obra del espíritu santo. Las principales características de este ser de espléndida gloria son: Amor, fidelidad, generosidad, fuerza, poder, soberanía, misericordia y justicia. Las cosas buenas cuando alcanzan la perfección son asimiladas por la luz y las cosas malas son absorbidas por la oscuridad y bajadas a grados más bajos en las siguientes encarnaciones. El cielo y el infierno son solo estados de ánimo y no lugares específicos.

Amor verdadero

A pesar de ser un Dios muy grande y poderoso, Yahvé cuida de cada uno de sus hijos personalmente o a través de sus siervos. Busca nuestra felicidad a toda costa. Como una madre o un padre, nos apoya y nos ayuda en tiempos difíciles revelando un amor incomprensible por los seres humanos. Verdaderamente, en la tierra, no encontramos en los hombres este tipo de amor puro.

Reconocerse pecador y limitado

La arrogancia, el orgullo, la confianza en sí mismos, la ilusión y la autosuficiencia son enemigos malvados de la humanidad. Contaminados, se dan cuenta de que son solo una simple masa de polvo. Ver y comparar: Yo que creé los soles, los agujeros negros, los planetas, las galaxias y las otras estrellas, no me jactan de ello cuanto más tú. Ríndete a mi poder y toma nuevas actitudes.

La influencia del mundo moderno

El mundo de hoy crea barreras insuperables entre el hombre y el creador. Vivimos rodeados de tecnología, conocimiento, oportunidades y desafíos. En un mundo tan competitivo, el hombre olvida al director, su relación contigo. Debemos ser como los antiguos maestros que buscaron a Dios incesantemente y tienen metas de acuerdo con su voluntad. Solo así el éxito vendrá a ti.

Cómo integrarse con el padre

Soy la prueba de vida de que Dios existe. El creador me ha transformado de un pequeño soñador de cuevas a un hombre reconocido internacionalmente. ¿Cómo fue posible? Renuncié a mi individualidad y dejé que las fuerzas de la luz actuaran completamente en mis relaciones.

Haz lo que hago y entra en nuestro reino de delicias donde fluye la leche y la miel, el paraíso prometido a los israelitas.

La importancia de la comunicación

No olvides tus obligaciones religiosas. Siempre que puedas o, al menos una vez al día, hora fervientemente por ti y por el mundo. Al mismo tiempo, tu alma estará llena de gracias. Solo aquellos que son persistentes pueden lograr el milagro.

La interdependencia y la sabiduría de las cosas

Mira el universo y verás que todo tiene una razón y una función, aunque sea pequeño para el funcionamiento del todo. También es con el bien que es una legión dispuesta a luchar por nosotros. Siente al Dios dentro de ti.

No culpes a nadie

No culpes al destino ni a Dios por el resultado de tus propias decisiones. Por el contrario, reflexione sobre ellos y trate de no cometer los mismos errores. Cada experiencia debe servir como un aprendizaje para ser asimilado.

Ser parte de un todo

No subestimes tu trabajo en la tierra. Tenlo tan importante para tu evolución y la de los demás. Siéntase bendecido por ser parte del gran teatro de la vida.

No te quejes

No importa cuánto sea tu problema, la vida trata de demostrar que hay personas en situaciones peores que las tuyas. Resulta que gran parte de nuestro sufrimiento es impuesto psicológicamente por un estándar idealizado de salud y bienestar. Somos débiles, corruptos e ingenuos. Pero la mayoría de la gente piensa que eres un superhéroe eterno.

Ver desde otro punto de vista

En el momento de la angustia, trate de calmarse. Observe la situación desde otro punto de vista y luego lo que inicialmente parece una cosa mala sin duda tendrá sus aspectos positivos. Mentalmente, concéntrate y trata de tomar una nueva dirección para tu vida.

Una verdad

Estamos tan ahogados en nuestras preocupaciones que ni siquiera nos damos cuenta de los pequeños dones, milagros y gracias rutinarias que recibimos del cielo. Sé feliz por eso. Con un poco de esfuerzo, serás bendecido aún más porque mi padre te desea lo mejor.

Piense en el otro

Cuando tus pensamientos son muy preocupantes por tu hermano, el cielo se festeja. Actuando generosamente, nuestro espíritu es ligero y listo para vuelos más altos. Siempre haga este ejercicio.

Olvídate de los problemas

Ejercita la creatividad, la lectura, la mentalidad, la meditación, la caridad y la conversación para que los problemas no aflijan tu alma. No descargue la carga pesada que lleva en otros que no tiene nada que ver con sus problemas personales. Haga su día más libre y más productivo siendo amigable.

Enfrentar el nacimiento y la muerte como procesos

Nacer y morir son acontecimientos naturales que deben ser vistos con serenidad. La mayor preocupación es cuando uno está vivo con el fin de transformar nuestras actitudes en beneficios principalmente para los demás. La muerte es solo un pasaje que nos lleva a una existencia superior con premios equivalentes a nuestros esfuerzos.

Inmortalidad

El hombre se hace eterno a través de sus obras y valores. Este es el legado que dejará para las generaciones futuras. Si los frutos de los árboles son malvados, entonces el alma no tiene valor para que el creador sea arrancado y arrojado a la oscuridad exterior.

Tener una actitud proactiva

No te quedes ahí parado. Buscar el conocimiento de nuevas culturas y conocer gente nueva. Su equipaje cultural será mayor y, en consecuencia, los resultados serán mejores. Sé un hombre sabio también.

Dios es espíritu

El amor no se puede ver, tú sientes. También lo es con el Señor, no podemos verlo, pero sentimos diariamente en nuestro corazón su amor fraterno. Da gracias todos los días por todo lo que hace por ti.

Una visión de fe

La fe es algo que se construye en nuestra vida diaria. Alimentarla con pensamientos positivos y actitudes firmes hacia su meta. Cada paso es importante en este posible largo viajé.

Sigue mis mandamientos

El secreto del éxito y la felicidad reside en seguir mis mandamientos. No tiene sentido declarar con palabras que me amas si no sigues lo que digo. Verdaderamente los que me aman son aquellos que cumplen con mi ley y viceversa.

La fe muerta

Toda fe sin obras está verdaderamente muerta. Algunos dicen que el infierno está lleno de buenas intenciones y en esto se encuentra una gran verdad. No sirve de nada estar dispuesto, pero debes probar que me amas.

Tener otra visión

No todo sufrimiento o derrota es completamente malo. Cada experiencia negativa que experimentamos trae un aprendizaje continuo, fuerte y duradero a nuestras vidas. Aprende a ver el lado positivo de las cosas y serás más feliz.

De la debilidad viene la fuerza
Qué hacer en una delicada situación financiera

El mundo es muy dinámico. Es común tener fases de gran prosperidad a períodos de grandes dificultades financieras. La mayoría de la gente cuando está en un buen momento se olvida de seguir luchando y la parte religiosa. Simplemente se sienten autosuficientes. Este error puede llevarlos a un abismo oscuro del que será difícil escapar. En este momento, lo importante es analizar la situación con frialdad, identificar las soluciones e ir a luchar con gran fe en Dios.

Con un apoyo religioso, usted será capaz de superar los obstáculos y encontrar formas de recuperación. No te culpes demasiado por tu pasado fallido. Lo importante es seguir adelante con una nueva mentalidad formada aliada a la valentía y la fe que crecerán en tu corazón a medida que des tu vida a mi padre. Créeme, él será la única salvación para todos tus problemas.

He aquí, se le ha dicho al hombre que todo se le concederá mientras siempre camine por el camino del bien. Por lo tanto, esfuércense por guardar los mandamientos de las Santas Escrituras y las recomendaciones de los santos. No se sientan orgullosos del punto de menospreciarlos porque con el ejemplo de la vida fueron capaces de reconocer a Dios en medio de los escombros. Piénsalo y buena suerte.

Enfrentar problemas familiares

Desde que nacimos, hemos sido integrados en la primera comunidad humana que es la familia. Es la base de nuestros valores y referencia en nuestras relaciones. Quien sea un buen padre, esposo o hijo también será un gran ciudadano cumpliendo con sus deberes. Como cualquier grupo, los desacuerdos son inevitables.

No les pido que eviten la fricción, esto es prácticamente imposible. Les pido que se respeten, cooperen el uno con el otro y se amen. La familia que está unida nunca terminará y juntos puede conquistar grandes cosas.

También hay una familia espiritual consolidada en el cielo: el Reino de Yahvé, Jesús y Divino. Este reino predica justicia, libertad, comprensión, tolerancia, fraternidad, amistad y sobre todo amor. En esta dimensión espiritual no hay dolor, llanto, sufrimiento o muerte. Todo se ha dejado atrás y los fieles elegidos están vestidos con un nuevo cuerpo y una nueva esencia. Como está escrito, "los justos brillarán como el sol en el reino de su padre.»

Superar una enfermedad o incluso la muerte

La enfermedad física es un proceso natural que ocurre cuando algo no va bien con nuestro cuerpo. Si la enfermedad no es grave y se supera, desempeña el papel de la limpieza natural del alma consolidando la humildad y la simplicidad. Al sufrir la enfermedad es que estamos en un momento de nuestra pequeñez y al mismo tiempo inundamos la grandeza de Dios que puede hacer cualquier cosa.

En caso de enfermedad fatal, es el pasaporte definitivo a otro plan y de acuerdo con nuestra conducta sobre el terreno estamos asignados en el plan específico. Las posibilidades son: Infierno, limbo, cielo, ciudad de los hombres y purgatorio. Cada uno está destinado a uno de ellos de acuerdo a su línea evolutiva. En este punto, solo obtenemos exactamente lo que merecemos, ni más ni menos.

Para aquellos que permanecen en la tierra, el anhelo de los familiares permanece y la vida sigue. El mundo no es parado para nadie, absolutamente nadie es insustituible. Sin embargo, quedan buenas obras y dan testimonio de nosotros. Todo pasará, excepto el poder de Dios que es eterno.

Conocerte a ti mismo

¿Dónde está mi felicidad? ¿Qué hacer para mantenerse bien en la tierra? Eso es lo que mucha gente pregunta. No hay mucho secreto comercial, pero las personas ganadoras suelen ser aquellas que dedican su tiempo al bien de los demás y de la humanidad. Al servir a los demás, se sienten completos y están más dispuestos a amar, relacionarse y ganar.

La educación, la paciencia, la tolerancia y el miedo a Dios son elementos clave para construir una personalidad rara y admirable. Al hacerlo, el hombre será capaz de encontrar a Dios y saber exactamente lo que desea para su vida. Incluso puedes pensar que estás en el camino correcto, pero sin estas cualidades vas a ser una falsificación. Solo amas a la gente que realmente se entrega y que se entiende del lado del otro. Aprende de mí que soy puro, consciente de mis dioses-dioses, las obras de cuidado de Dios dedicadas a mis proyectos, comprensión, caridad y amor. Se convertirá en especial para mi padre y el mundo será guardado. Recuerde: No para lo más grande que el abismo u oscuridad en su vida, de la debilidad viene la fuerza.

Sophia

Justicia

La justicia y la injusticia son umbrales entre sí, y son muy relativos en apariencia. Dividámoslo en dos ramas: la del reino de Dios y la de los reinos humanos. En relación con Dios, la justicia está estrechamente ligada a la soberanía de Yahvé que se demuestra a través de sus mandamientos, un total de treinta según mi visión. Es un asunto práctico: O sigues las normas del reino de Dios o no y para aquellos que se niegan a ver la grandeza de estas metas sigue siendo el lamento de que un alma se haya perdido. Sin embargo, las almas rebeldes que logran levantarse de nuevo en algún momento de la vida pueden creer firmemente en la misericordia de Yahvé, su santo padre. Dios el padre es un ser de asignaciones infinitas.

La justicia humana tiene sus propias pautas en cada nación. Los hombres con el tiempo se esfuerzan por garantizar la paz y la derecha en la tierra, aunque esto no siempre suceda. Esto se debe a la legislación obsoleta, la corrupción, los prejuicios contra los menores y el fracaso humano en sí. Si te sientes agraviado como yo me he sentido, da tu súplica a Dios. Entenderá el dolor y asegurará su victoria en el momento adecuado.

La injusticia en todos los aspectos es un mal de la humanidad antigua y contemporánea. Hay que luchar para que los justos puedan tener lo que es correctamente tuyo. Lo que no puede pasar es tratar de hacer justicia con tus propias manos. Recuerden que no es Dios juzgar y condenar a nadie.

«Cuando te invoque, respóndeme, Dios de mi justicia». (SM 4.2)

El refugio en el momento adecuado

Somos seres espirituales. En algún momento de nuestra existencia en el cielo, somos elegidos y encarnados en un cuerpo humano en el momento de la fertilización. El objetivo es cumplir la misión evolucionando con otros seres humanos. Algunos con misiones más grandes y otros con otras más pequeñas, pero todos con una función que el planeta no puede renunciar.

Nuestro primer contacto es dentro de una familia y por lo general es con estas personas que vivimos más tiempo y a lo largo de nuestras vidas. Ni siquiera los niños que se casan con el vínculo familiar se extinguen.

Con el contacto social, tenemos acceso a otras opiniones diferentes de las nuestras. Ahí es exactamente dónde está el peligro. Hoy en día, tenemos una generación masiva de jóvenes que buscan el lado malo.

Son adolescentes y adultos que no respetan a sus padres, adoran la droga y consiguen que roben e incluso maten. Incluso las llamadas personas de confianza pueden ocultar un peligro cuando tratan de influir en nosotros para hacer el mal. También está el otro lado: bombardeado por la falsedad, la violencia, el acoso, los prejuicios, la mentira, la deslealtad muchos no creen en la raza humana y cerca de nuevas amistades. Es saludable meditar que es muy difícil encontrar gente confiable, pero si eres uno de estos afortunados mantenlos en el lado derecho e izquierdo de tu pecho por el resto de tu vida.

Expuesto esto, cuando caigas en alguna desgracia, recurre a tus verdaderos amigos o familia cercana y si todavía no encuentras la búsqueda de apoyo para Dios *el refugio en el momento adecuado*. Es el único que ya no lo abandonará, ya que su situación es angustiosa. Da tu dolor y tu fe en mejores días en el Dios de lo imposible y no te arrepentirás.

"Con angustia me consolaste. Ten piedad de mí y escúchame Oración. (Salmos 4.2)

La seducción del mundo versos el camino de Dios

El mundo es la gran área donde los hijos de Dios y el diablo trabajan por sus causas. Como en cualquier mundo rezagado en términos de evolución, vivimos una sangrienta dualidad que asfixia a las personas en grupos que juntos forman la sociedad.

Aunque decimos que la mayoría de la gente tiene buenas intenciones, lo que ves es una desvirtualización del sentido común. La mayoría prefiere las cosas del mundo a las cosas de Dios. La gente anhela poder, dinero, compite por el prestigio, se hunde en fiestas rebeldes, practica la exclusión y fomenta indubitablemente, practica chismes y calumnia al otro, prefiere escalar la escala de la jerarquía defraudando, denunciando y pasando por encima de los demás. Yo, como representante de Yahvé, no tengo ninguna duda de que estas personas no son de Dios. Son hijas del diablo, cizaña que serán quemadas sin piedad en las larvas del abismo en el cálculo. No es un juicio, es la realidad en la relación de cosecha de plantas.

Si tienen valores y tienen fe en las fuerzas del bien, los invito a ser parte del reino de su padre. Al renunciar al mundo, finalmente verás la grandeza y la bondad de nuestro Dios. Un padre que te acepta como eres y que te ama con amor mayor de lo que llega tu entendimiento. Toma tu decisión. Aquí todo es fugaz y a nuestro lado puedes experimentar lo que la palabra realmente significa *"Felicidad plena."*»

"Oh hombres, ¿cuánto tiempo tendrán su corazón endurecido, amarán la vanidad y buscarán la mentira? (Salmos 4:3).

Conocer a Dios

Yahvé es el ser más maravilloso que hay. Por mi propia experiencia, he conocido el rostro de este amoroso padre que siempre quiere nuestro bien. Entonces, ¿por qué no darle una oportunidad? Dale tus cruces y esperanzas para que una mano fuerte pueda transformar tu vida. Te garantizo que ya no serás el mismo. Espero sinceramente que reflejen estas pocas palabras y tonteen una decisión definitiva en su vida. Te estaré esperando. Buena suerte. ¡Los quiero, hermanos!

Los justos y la relación con Yahvé

La relación con Dios

Agradece siempre a tu padre espiritual por todas las gracias otorgadas a lo largo de su vida. Sentirse agradecido y feliz de que Yahvé le dio la vida es una obligación. Su nombre es santo y está cubierto de gloria en todas las partes del mundo. En caso de angustia o necesidad de recurrir a ella y seguramente se abrirán sus caminos mostrando una solución definitiva a su problema.

Hablando de problemas, muchos de ellos tienen como causa la acción de sus enemigos. Apelar con confianza a mi padre y a cualquiera que quiera el mal tropezará. Sepa que Dios el padre siempre estará a su lado, solo tenga más confianza en él. Los justos siempre son descansados por el padre. Sin embargo, es importante que pruebe un enfoque con sus disgustos. Haz de tu enemigo un amigo ardiente y fiel o al menos tener una relación amistosa. Una intriga mantiene el alma en tinieblas, lejos de la acción divina y sin tener sentido quejarse de la ausencia, tú mismo lo has mantenido alejado con tu rencor y desprecio hacia los demás. Piénsalo.

Sí, Dios los amará y cumplirá con sus expectativas en la medida del bien que ha hecho a los demás. Asegúrate de que, si lo renuncias por completo, hará que su pueblo luche por ti en cada guerra interna y externa que ocurra. Podrá abrir el mar o destruir naciones por su bien porque con fe te has vuelto hacia él.

Lo hace para poder cantar su gloria y consternación su alma se une a las almas escogidas para frenar con Jesús. El reino de Dios se está construyendo poco a poco y la mayoría de sus miembros son los pobres y humildes de corazón. En esta dimensión espiritual solo hay paz, felicidad, fe, igualdad, cooperación, fraternidad y amor sin límites entre sus miembros. Aquellos que se propusieron seguir el camino de las tinieblas, ahora son el lago de fuego y azufre, donde serán atormentados día y noche debido a la gravedad de sus pecados.

Esto se llama justicia divina. La justicia da lo que todo el mundo merece por derecho y lo hace en honor a los oprimidos, las minorías, los pobres que sufren, todos los pequeños del mundo que sufren a manos de la élite conservadora. Además de la justicia, la misericordia divina se encuentra impenetrable para cualquier mente. Por eso es Dios, alguien que siempre estará con los brazos abiertos para recibir a sus hijos.

Lo que debes hacer

Conocí al padre divino en el momento más difícil de mi vida, en un instante cuando estaba muerto y mis esperanzas se agotaron. Me enseñó sus valores y me rehabilitó por completo. Puede hacer lo mismo contigo. Todo lo que tienes que hacer es aceptar la acción de su glorioso nombre en su vida.

Sigo algunos valores básicos: Amor primero, comprensión, respeto, equivalencia, cooperación, tolerancia, solidaridad, humildad, desapego, libertad y dedicación a la misión. Trate de cuidar de su propia vida y no calumniar a la otra porque Yahvé juzga los corazones. Si alguien te hace daño, no te replanteas, gira la otra mejilla y supera tu rencor. Todos pierden y merecen otra oportunidad.

Trate de ocupar su mente con actividades de trabajo y ocio. La inactividad es un enemigo peligroso que puede llevarte a la ruina definitiva. Siempre hay algo que hacer.

También traté de fortalecer su parte espiritual, frecuentar su iglesia con frecuencia y obtener consejo de su guía espiritual. Siempre es bueno tener una segunda opinión cuando nos encontramos en duda sobre alguna decisión. Sé prudente y aprende de tus errores y éxitos.

Sobre todo, sé tú mismo en todas las situaciones. Nadie engaña a Dios. Actúa con sencillez y sé siempre fiel que Dios te confiará posiciones aún mayores. Su grandeza en el cielo será cuantificada en su servidumbre, la más pequeña de la tierra será agraciada con lugares especiales, cerca de la luz mayor.

Te doy toda mi esperanza

Señor Yahvé, ustedes que observan mis esfuerzos día y noche, les piden la guía, la protección y el valor para continuar llevando mis cruces. Bendice mis palabras y acciones para que siempre sean buenas, beatificaron mi cuerpo, mi alma y mi mente. Que mis sueños se hagan realidad sin mar en lo que pueda ser. No me permitas girar a la derecha o a la izquierda. Cuando mueras, dame la gracia de vivir con los elegidos. Amén.

Amistad

El verdadero amigo es el que está contigo en los malos tiempos. Es el que te defiende con su propia alma y vida. No te dejes engañar. En tiempos de bonanza, siempre estarás rodeado de gente con los más variados intereses. Pero en los tiempos oscuros, solo quedan los verdaderos. Sobre todo, tu familia. Aquellos que implican tanto y quieren su bien son sus verdaderos amigos. Otras personas siempre se acercan debido a las ventajas.

"Solo comerás pan de miel conmigo si comes hierba conmigo.» Esta verdadera frase resume a quién debemos dar verdadero valor. La riqueza que pasa atrae muchos intereses y la gente se transforma. Saber reflexionar sobre las cosas. ¿Quién estaba contigo en la pobreza? Son estas personas las que realmente merecen su voto de confianza. No te dejes engañar por las falsas pasiones que duelen. Analice la situación. ¿Tendría alguien el mismo sentimiento por ti si fueras un pobre mendigo? Medita en él y encontrarás tu respuesta.

El que te niega en público no es digno de su amor. Cualquiera que tenga miedo de la sociedad no está preparado para ser feliz. Muchas personas temerosas de ser rechazadas debido a su orientación sexual rechazan a sus parejas en público. Esto causa trastornos psicológicos graves y dolor emocional persistente. Es hora de repensar tus elecciones. ¿Quién te quiere de verdad? Estoy seguro de que esta persona que te rechazó en público no está entre ellos. Toma valor y cambia la trayectoria de tu vida. Deja atrás el pasado, haz un buen plan y sigue adelante. En el momento en que dejes de sufrir por el otro y tomes las riendas de tu vida, tu camino será más ligero y fácil. No tengas miedo y toma una actitud radical. Solo eso puede liberarte.

Perdón

El perdón es extremadamente necesario para lograr la tranquilidad. Pero, ¿qué significa perdonar? El perdón no es olvidar. Perdonar es poner fin a una situación que te ha traído tristeza. Es imposible borrar recuerdos de lo que pasó. Esto lo llevarás por el resto de tu vida. Pero si te quedas atascado en el pasado, nunca vivirás en el presente y no serás feliz. No dejes que los otros te quiten la paz. Perdóname por seguir adelante y vivir nuevas experiencias. El perdón finalmente te liberará y estarás listo para tener una nueva visión de la vida. El hombre que te hizo sufrir no puede destruir tu vida. Piensa que hay otros hombres buenos capaces de darte buenos momentos. Ten una actitud positiva. Todo puede mejorar cuando lo crees. Nuestras vibraciones positivas afectan nuestras vidas de tal manera que podamos triunfar. No tengas actitudes negativas o mezquinas. Esto puede conducir a resultados destructivos. Deshazte de todo el mal que corre a través de tu alma y filtra solo el bien. Solo mantén lo que te agrega cosas buenas. Créeme, tu vida mejorará después de esta actitud.

Habla con tu aversión francamente. Haga sus expectativas claras. Explícale que has perdonado, pero no le darás una segunda oportunidad. Revivir un pasado amoroso puede ser altamente destructivo para ambos. La mejor opción es tomar una nueva dirección y tratar de ser feliz. Todos merecemos la felicidad, pero no todos creen en ella. Saber esperar el tiempo de Dios. Agradece las cosas buenas que tienes. Sigue buscando tus sueños y tu felicidad. Todo sucede en el momento adecuado. Los planes del creador para nosotros son perfectos y ni siquiera sabemos entender. Da tu vida completamente a los designios de Dios y todo saldrá bien. Abraza tu misión con alegría y tendrás placer en vivir. El sentimiento de perdón transformará tu vida de una manera que nunca pensaste y ese mal evento solo será un obstáculo anticuado. Si no aprendes en el amor, aprendes con dolor. Este es un dicho aplicable a esa situación.

Encontrar tu camino

Cada persona tiene una trayectoria particular y única. No tiene sentido seguir ningún parámetro. Lo importante es investigar las posibilidades. Tener suficiente información es primordial para tomar una decisión profesional o amorosa. Creo que el factor financiero debe ser considerado, pero no debe ser esencial en su decisión. A menudo lo que nos hace felices no es dinero. Son las situaciones y sensaciones de una determinada zona. Descubre tu regalo, reflexiona sobre tu futuro y toma una decisión. Sé feliz con tus elecciones. Muchos de ellos están transformando definitivamente nuestro destino. Así que piensa bien antes de las elecciones.

Cuando tomamos la decisión correcta, todo en nuestra vida fluye perfectamente. Las decisiones correctas nos llevan a resultados concretos y duraderos. Pero si cometes un error en tu decisión, cambia tus planes e intenta hacerlo bien la próxima vez. No ganarás tiempo perdido, pero la vida te ha dado una nueva oportunidad de éxito. Tenemos derecho a cada oportunidad que la vida nos dé. Tenemos derecho a intentarlo tantas veces como necesitemos. ¿Quién nunca ha cometido un error en sus vidas? Pero siempre respeta los sentimientos de los demás. Respeta las decisiones de los demás. Acepta tu fracaso. Eso no va a disminuir tu capacidad. Abraza tu nuevo comienzo y no vuelvas a pecar. ¿Recuerdas lo que dijo Jesús? Incluso podemos perdonar, pero tienes que avergonzarte y cambiar tu actitud. Solo entonces estarás preparado para ser feliz de nuevo. Cree en tus cualidades. Tener buenos valores éticos y no humillarse a nadie. Haz una nueva historia.

Cómo vivir en el trabajo

El trabajo es nuestro segundo hogar, la extensión de nuestra felicidad. Debe ser un lugar de armonía, amistad y complicidad. Sin embargo, esto no siempre es posible. ¿Por qué sucede esto? ¿Por qué no soy feliz en el trabajo? ¿Por qué me persiguen? ¿Por qué trabajo tan duro y sigo siendo pobre? Estos y muchos otros temas se pueden discutir aquí.

El trabajo no siempre es armónico porque vivimos con personas diferentes. Cada persona es un mundo, tiene sus propios problemas y afecta a todos alrededor. Ahí es donde ocurren las peleas y los desacuerdos. Esto causa dolor, frustración e ira. Siempre sueñas con un lugar de trabajo perfecto, pero cuando se trata de decepción te trae malestar. Como resultado, éramos infelices. A menudo, su trabajo es su único punto de apoyo financiero. No tenemos opción de dimitir a pesar de que a menudo lo queremos. Cancelas y te rebelas. Pero se queda en el trabajo por necesidad.

¿Por qué nos persiguen jefes y compañeros de trabajo? Hay muchas razones: envidia, prejuicio, autoritarismo, falta de amor. Nos marca para siempre. Esto genera un sentimiento de inferioridad y desilusión. Es terrible tener que mantener la paz cuando quieres gritarle al mundo correcto. Haces un trabajo perfecto y no te reconocen. No recibes cumplidos, pero tu jefe tiene razón en criticarte. Golpeas mil veces, pero si cometes un error una vez que te llaman incompetente. Aunque sé que el problema no está en ti, genera un trauma constante por tu mente. Te conviertes en un objeto de trabajo.

¿Por qué trabajo tan duro y soy pobre? Tiene que ser un reflejo. Vivimos en el capitalismo, un sistema económico salvaje en el que los pobres son explotados para generar riqueza para los ricos. Esto sucede en todos los sectores de la economía. Pero ser empleado puede ser una opción. Podemos emprender en casi todos los sectores con poco dinero. Podemos crear nuestro negocio y ser jefes de nosotros mismos. Esto nos brinda una increíble confianza en nosotros mismos. Pero nada se puede hacer sin planificación. Tenemos que evaluar el lado positivo y negativo para que podamos decidir cuál es la mejor manera. Siempre necesitamos tener antecedentes, pero sobre todo tenemos que ser felices. Tenemos que ser proactivos y convertirnos en protagonistas de nuestra historia. Necesitamos encontrar el "punto de encuentro» de nuestras necesidades. Recuerda que eres el único que sabe lo que es mejor para ti.

Vivir con gente de temperamento duro en el trabajo

A menudo encuentras en el trabajo a tu peor enemigo. Esa persona aburrida que te persigue e inventa cosas para hacerte daño. A otros no les gustas sin razón aparente. Esto es tan doloroso. Tener que vivir con enemigos es algo terrible. Se necesita mucho control y coraje. Tenemos que reforzar la parte psicológica para superar todos estos obstáculos. Pero también hay otra opción. Puede cambiar de trabajo, solicitar una transferencia o crear su propio negocio. Cambiar de entorno a veces ayuda mucho a la situación en la que estás.

¿Cómo lidiar con las ofensas? ¿Cómo reaccionar ante los ataques verbales? No creo que sea bueno mantener la boca cerrada. Eso da una falsa impresión de que eres un tonto. Reaccionar. No dejes que nadie te lastime. Tienes que separar las cosas. Una cosa es que tu jefe recopile resultados de tu trabajo, y otra cosa muy diferente es perseguirte. No dejes que nadie ahogue tu libertad. Sea autónomo en sus decisiones.

Prepararse para tener un ingreso laboral autónomo

Para poder dejar el trabajo y ser independientes, tenemos que analizar el mercado. Invierte tu potencial en lo que más te gusta hacer. Es genial trabajar en lo que te gusta. Tienes que combinar la felicidad con los ingresos financieros. Trabajar y hacer una buena reserva financiera. A continuación, invierta con la planificación. Calcula todos tus pasos y pasos. Investigar y consultar con expertos. Confía en lo que quieres. Con una manera de ir, todo será más fácil para usted.

Si tu primera opción no funciona, vuelve a evaluar tu camino y persiste en tus objetivos. Cree en tu potencial y talento. El valor, la determinación, la audacia, la fe y la persistencia son los elementos esenciales del éxito. Ponga a Dios en primer lugar y se agregarán todas las demás cosas. Ten fe en ti mismo y sé feliz.

Análisis de opciones de especialización en estudios

Estudiar es esencial para el mercado de trabajo y para la vida en general. El conocimiento nos agrega y transforma. Leer un libro, tomar un curso, tener una profesión y tener una visión amplia de las cosas nos ayuda a crecer. El conocimiento es nuestro poder contra los ataques de la ignorancia. Nos lleva por un camino más claro y preciso. Por lo tanto, especializarse en su profesión y ser un profesional competente. Sea original y cree tendencias de consumo. Libérate del pesimismo, corre más riesgos y persiste. Siempre cree en tus sueños porque son tu brújula en el valle de la oscuridad. Podemos hacer todo lo que nos fortalezca.

Investigue su área de especialización. Crear mecanismos de aprendizaje. Reinvéntate. Convertirte en lo que siempre has soñado puede ser posible. Todo lo que se necesita es un plan de acción, planificación y fuerza de voluntad. Crea tu propio éxito y serás feliz. Muy exitoso para ti.

Cómo vivir en la familia
Qué es la familia

La familia es la gente que vive contigo, sea o no pariente. Es el primer núcleo familiar del que eres parte. Generalmente, este grupo está compuesto por padre, madre e hijos.

Tener una familia es de importancia fundamental para el desarrollo humano. Aprendemos y enseñamos en este pequeño núcleo familiar. La familia es nuestra base. Sin ella, no somos nada. Es por eso que este sentimiento de pertenencia a algo llena el alma del ser humano.

Sin embargo, cuando vivimos con personas celosas o malvadas, puede obstaculizar nuestra evolución personal. En este caso, se aplica el siguiente dicho: "Mejor solo que mal acompañado". El hombre también necesita crecer, conquistar sus propios espacios y formar su propia familia. Eso es parte de la ley natural de la vida.

Cómo respetar y ser respetado

La mayor regla de vivir en una familia debe ser el respeto. Aunque pueden vivir juntos, no da derecho al otro a entrometerse en su vida. Reafirma esa posición. Ten tu trabajo, tu habitación, tu gente las cosas por separado. Cada familia debe tener su propia personalidad, acciones y deseos respetados.

¿Vivir juntos o salir de casa y tener más privacidad? Muchos jóvenes se hacen esta pregunta a menudo. Desde mi experiencia personal, solo vale la pena salir de la casa si tienes algún tipo de apoyo fuera de la casa. Créeme, la soledad puede ser lo peor de tus enemigos y maltratarte mucho.

Viví por cuatro meses con la excusa de que estaría más cerca del trabajo. Pero en realidad estaba tratando de encontrar el amor. Pensé que vivir en la gran ciudad me facilitaría la búsqueda. Pero eso no es lo que pasó. La gente se ha vuelto complicada en el mundo moderno. Hoy en día, lo que prevalece es el materialismo, el egoísmo y la iniquidad.

Solía vivir en un apartamento. Tenía mi privacidad, pero me sentía totalmente infeliz. Nunca he sido una fiesta joven, o beber. Vivir solo no me atrae tanto. Al final, me di cuenta de que mis responsabilidades habían aumentado en lugar de disminuir. Así que decidí irme a casa. No fue una decisión fácil. Sabía que había fin a mis esperanzas de encontrar a alguien. Soy del grupo LGBT. Es impensable que consiga un novio en casa porque mi familia es totalmente tradicional. Nunca me aceptarían por lo que soy.

Volví a casa pensando en concentrarme en el trabajo. A la edad de treinta y seis años, nunca había encontrado un compañero. Acumuló quinientos rechazos y esto aumentó cada día. Entonces me pregunté: ¿Por qué esta necesidad de encontrar la felicidad en el otro? ¿Por qué no puedo hacer mis sueños realidad por mi cuenta? Todo lo que tenía que hacer era tener un buen apoyo financiero y disfrutar mejor de la vida. Este pensamiento de ser feliz al lado de alguien es casi anticuado en estos días. Rara vez sucede. Así que seguí con mi vida con mis proyectos. Soy escritor y cineasta.

Dependencia financiera

Saber cómo lidiar con el tema financiero es primordial en estos días. A pesar de vivir como familia, todos deben tener su sustento. Muchas veces tuve que ayudar a mi familia porque soy el único que tiene un trabajo estable. Pero la situación se puso muy difícil cuando me esperaron. Por eso también salí de casa. Tuvieron que despertar a la realidad. Ayudar es bueno cuando tienes sobras. Pero no es justo que esté trabajando y otras personas disfrutando de mi dinero más que yo mismo.

Este ejemplo muestra lo importante que es la conciencia. Tenemos que separar las cosas. Cada uno debe procurar trabajar. Todo el mundo tiene la capacidad de sobrevivir. Tenemos que ser protagonistas de nuestra propia historia y no depender de los demás. Hay situaciones de enfermedad en el mundo de hoy. Benefíciese de hombres y mujeres. Eso no es amor. Es solo interés financiero. Ser engañado con amor solo traerá sufrimiento.

Entiendo que no es fácil lidiar con algunas situaciones. Pero debemos ser racionales. El hijo se casó. Deja que se apodere de su propia vida. ¿Nietos a los que cuidar? De nada. Es responsabilidad de los padres. Ustedes que ya están en la vejez deben disfrutar de la vida viajando y haciendo actividades placenteras. Has cumplido tu papel. No quieres ocuparte de la responsabilidad de los demás. Esto puede ser muy perjudicial para ti. Haz un reflejo interior y mira lo que es mejor para ti.

La importancia del ejemplo

Cuando hablamos de niños, hablamos del futuro del país. Así que es de suma importancia que tengan una buena base familiar. En general, son el reflejo del entorno en el que viven. Si tenemos una familia estructurada y feliz, la tendencia es que los jóvenes sigan este ejemplo. Por eso el dicho es cierto: "El que es un buen hijo es un buen padre". Sin embargo, esta no es una regla general.

A menudo tenemos jóvenes rebeldes. A pesar de que tienen padres maravillosos, se inclinan hacia el mal. En ese caso, no te sientas culpable. Hiciste tu parte. Todo ser humano tiene su libre alá. Si el niño ha elegido el mal, soportará las consecuencias. Eso es natural en una sociedad. Hay el bien y el mal. Esta es una decisión personal.

Elegí el bien y hoy soy una persona totalmente feliz, honesta y sana. Soy un ejemplo de persistencia y esperanza hacia mis sueños. Creo en los valores de la honestidad y el trabajo. Enséñales eso a tus hijos. Calma lo bueno y cosecha lo bueno. Somos el fruto de nuestros esfuerzos, ni más ni menos. Todo el mundo tiene lo que se merece.

Final

www.ingramcontent.com/pod-product-compliance
Lightning Source LLC
LaVergne TN
LVHW020437080526
838202LV00055B/5232